MÉMOIRE DE DONAT CALLAS

Pour son Père, sa Mère & son Frère.

Je commence par avouer que toute notre famille est née dans le sein d'une religion qui n'est pas la dominante. On sçait assez combien il en coûte à la probité de changer. Mon père & ma mère ont persévéré dans la religion de leurs pères ; on nous a trompés, peut-être, mes parens & moi ; mais, quand nous serions dans l'erreur à cet égard, nous n'en sommes pas moins les enfans de *Louis XV*, ainsi que ses autres sujets ; nous chérissons en lui notre père commun, nous obéissons à toutes ses loix, nous payons avec allégresse des impôts nécessaires pour le soutien de sa juste guerre ; nous respectons le clergé de France qui fait gloire d'être soumis comme nous à son autorité royale & paternelle ; nous révérons les parlemens, nous les regardons comme les défenseurs du trône & de l'état, contre les entreprises ultramontaines ; c'est dans ces sentimens que j'ai été élevé, & c'est ainsi que penſe parmi nous quiconque ſait lire & écrire. Si nous avons quelques graces à demander, nous les eſpérons en ſilence de la bonté du meilleur des rois.

Il n'appartient pas à un jeune homme, à un infortuné, de décider laquelle des deux religions eſt la plus agréable à l'Etre ſuprême; tout ce que je ſais, c'eſt que le fonds de la religion eſt entièrement ſemblable pour tous les cœurs bien nés; que tous aiment également Dieu, leur patrie & leur roi.

L'horrible aventure, dont je vais rendre compte, pourra émouvoir la juſtice de ce roi bienfaiſant & de ſon conſeil, la charité du clergé qui nous plaint en nous voyant dans l'erreur, & la compaſſion généreuſe du parlement même qui nous a plongé dans la plus affreuſe calamité où une famille honnête puiſſe être réduite.

Nous ſommes actuellement cinq enfans orphelins, car notre père a péri par le plus grand des ſupplices, & notre mère pourſuit loin de nous, ſans ſecours & ſans appui, la juſtice dûe à la mémoire de mon père; notre cauſe eſt celle de toutes les familles: c'eſt celle de la nature; elle intéreſſe l'état, la religion & les nations voiſines.

Mon père *Jean Callas* était un négociant établi

à Toulouze depuis quarante ans. Ma mère est une Anglaise; mais elle est par son aïeule de la maison de *la Garde-Montesquieu*, & tient à la principale noblesse du Languedoc. Tous deux ont élevé leurs enfans avec tendresse, jamais aucun de nous n'a essuyé ni coups ni mauvaise humeur : il n'a peut-être jamais été de meilleurs parens.

S'il fallait ajouter à mon témoignage des témoignages étrangers, j'en produirais plusieurs (*a*).

Tous ceux qui ont vécu avec nous savent que mon père ne nous a jamais gênés sur le choix d'une religion : il s'en est toujours raporté à Dieu & à notre conscience. Il était si éloigné de ce zèle amer qui indispose les esprits, qu'il a toujours eu dans sa maison une servante catholique.

(*a*) J'atteste devant Dieu que j'ai demeuré pendant quatre ans à Toulouze chez les sieur & dame *Callas*, que je n'ai jamais vu une famille plus unie, ni un père plus tendre, & que, dans l'espace de quatre années, il ne s'est pas mis une fois en colère; que si j'ai quelques sentimens d'honneur, de droiture & de modération, je les dois à l'éducation que j'ai reçue chez lui.

Genève 5me *Juillet* 1762.

Signé J. Calvet, *Caissier des postes de Suisse, d'Allemagne & d'Italie.*

Cette ſervante très - pieuſe contribua à la converſion d'un de mes frères, nommé *Louis :* elle reſta auprés de nous après cette action : on ne lui fit aucuns reproches : il n'y a point de plus forte preuve de la bonté du cœur de mes parens.

Mon père déclara, en préſence de ſon fils *Louis*, devant M. *de la Motte*, conſeiller au parlement, que, *pourvû* que *la converſion de ſon fils fût ſincère, il ne pouvait la déſaprouver, parce que de gêner les conſciences, ne ſert qu'à faire des hypocrites.* Ce furent ſes propres paroles, que mon frère *Louis* a conſignées dans une déclaration publique au tems de notre cataſtrophe.

Mon père lui fit une penſion de quatre cent livres, & jamais aucun de nous ne lui a fait le moindre reproche de ſon changement. Tel était l'eſprit de douceur & d'union que mon père & ma mère avaient établi dans notre famille. Dieu la béniſſait ; nous jouiſſions d'un bien honnête, nous avions des amis ; & pendant quarante ans notre famille n'eut dans Toulouſe ni procès ni querelle avec perſonne. Peut-être quelques marchands, jaloux de la proſpérité d'une maiſon de commerce qui était d'une autre religion qu'eux, excitaient la populace contre nous ; mais notre modération conſtante ſemblait devoir adoucir leur haine.

Voici comment nous ſommes tombés de cet état heureux dans le plus épouvantable déſaſtre. Notre frère aîné *Marc-Antoine Callas*, la ſource de tous nos malheurs, était d'une humeur ſombre & mélancolique. Il avait quelques talens; mais n'ayant pû réuſſir ni à ſe faire recevoir licentié en droit, parce qu'il eût falu faire des actes de catholique, ou acheter des certificats; ne pouvant être négociant, parce qu'il n'y était pas propre; ſe voyant repouſſé dans tous les chemins de la fortune, il ſe livrait à une douleur profonde. Je le voyais ſouvent lire des morceaux de divers auteurs ſur le ſuicide, tantôt de *Plutarque*, ou de *Sénèque*, tantôt de *Montagne*; il ſavait par cœur la traduction en vers du fameux monologue de *Hamlet*, ſi célèbre en Angleterre, & des paſſages d'une tragi-comédie françaiſe, intitulée *Sidney*. Je ne croyais pas qu'il dût mettre un jour en pratique des leçons ſi funeſtes.

Enfin un jour, c'était le 13 Octobre 1761, (je n'y étais pas, mais on peut bien croire que je ne ſuis que trop inſtruit); ce jour, dis-je, un fils de M. *La Vaiſſe*, fameux avocat de Toulouſe, arrivé de Bordeaux, veut aller voir ſon père qui était à la campagne; il cherche par-tout des chevaux, il n'en trouve point; le hazard fait que mon père & mon frère *Marc-Antoine* ſon ami le rencontrent & le prient à ſouper; on ſe met à table à ſept heures, ſelon l'uſage ſimple de nos familles réglées & occupées, qui finiſſent leur journée de bonne heure pour ſe lever avant le ſoleil: Le père, la mère, les enfans, leur ami font un repas frugal au premier étage. La cuiſine était auprès de la ſalle à manger; la même ſervante catholique aportait les plats, entendait & voyait tout. Je ne peux répéter ici que ce qu'a dit ma malheureuſe & reſpectable mère: mon frère *Marc-Antoine* ſe lève de table un peu avant les autres; il paſſe dans la cuiſine; la ſervante lui dit: Aprochez-vous du feu. *Ah!* répondit-il, *je brûle*. Après avoir proféré ces paroles qui n'en diſent que trop, il deſcend en bas vers le magazin, d'un air ſombre & profondément penſif. Ma famille, avec le jeune *La Vaiſſe*, continue une converſation paiſible juſqu'à neuf heures trois quarts, ſans ſe quitter un moment. M. *La Vaiſſe* ſe retire; ma mère dit à ſon ſecond fils *Pierre* de prendre un flambeau, & de l'éclairer ; ils defcendent : mais quel affreux fpectacle s'offre à eux ! ils voyent la porte du magazin ouverte, les deux battans raprochés, un bâton fait pour ferrer & affujettir les ballots, paffé au haut des deux battans, une corde à nœuds coulans, & mon malheureux frère fufpendu en chemife, les cheveux arrangés, fon habit plié fur le comptoir.

A cet objet ils pouffent des cris : Ah, mon Dieu ! ah, mon Dieu ! Ils remontent l'efcalier ; ils appellent le père ; la mère fuit toute tremblante ; ils l'arrêtent, ils la conjurent de refter ; ils volent chez les chirurgiens, chez les Magiftrats. La mère effrayée defcend avec la fervante ; les pleurs & les cris redoublent : que faire ? Laiffera-t-on le corps de fon fils fans fecours ? Le père embraffe fon fils mort ; la corde céde au premier effort, parce qu'un des bouts du bâton gliffait aifément fur les battans, & que le corps foulevé par le père n'affujettiffait plus ce billot. La mère veut faire avaler à fon fils des liqueurs fpiritueufes ; la fervante multiplie en vain fes fecours ; mon frère était mort. Aux cris & aux fanglots de mes parens, la populace environnait déja la maifon ; j'ignore quel fanatique imagina le premier que mon frère était un martyr, que sa famille l'avait étranglé pour prévenir son abjuration. Un autre ajoute que cette abjuration devait se faire le lendemain. Un troisiéme dit que la religion protestante ordonne aux pères & mères d'égorger ou d'étrangler leurs enfans quand ils veulent se faire catholiques. Un quatriéme dit que rien n'est plus vrai, que les protestans ont dans leur dernière assemblée nommé un boureau de la secte, que le jeune *La Vaisse* âgé de dix neuf à vingt ans est le boureau; que ce jeune homme, la candeur & la douceur même, est venu de Bordeaux à Toulouse exprès pour pendre son ami. Voilà bien le peuple! voilà un tableau trop fidéle de ses excès.

Ces rumeurs volaient de bouche en bouche; ceux qui avaient entendu les cris de mon frère *Pierre*, & du sieur *La Vaisse*, & les gémissemens de mon père & de ma mère, à neuf heures trois quarts, ne manquaient pas d'affirmer qu'ils avaient entendu les cris de mon frère étranglé, & qui était mort deux heures auparavant.

Pour comble de malheur, le capitoul, prévenu par ces clameurs, arrive sur le lieu avec ses assesseurs, & fait transporter le cadavre à l'hôtel-de-ville. Le procès-verbal se fait à cet hôtel, au lieu d'être dressé dans l'endroit même où l'on a trouvé le mort, comme on m'a dit que la loi l'ordonne (*b*). Quelques témoins ont dit que ce procès-verbal fait à l'hôtel-de-ville était datté de la maison du mort; ce serait une grande preuve de l'animosité qui a perdu ma famille. Mais qu'importe que le juge en premier ressort ait commis cette faute ? nous ne prétendons accuser personne; ce n'est pas cette irrégularité seule qui nous a été fatale.

Ces premiers juges ne balançaient pas entre un suicide qui est rare en ce pays, & un parricide qui est encore mille fois plus rare; ils croyaient le parricide; ils le supposaient sur le changement prétendu de religion que le mort devait faire; & on va visiter ses papiers, ses livres, pour voir s'il n'y avait pas quelque preuve de ce changement on n'en trouve aucune.

Enfin, un chirurgien nommé *La Marque*, est nommé pour ouvrir l'estomac de mon frère, & pour faire rapport s'il y a trouvé des restes d'alimens. Son rapport dit, que les alimens avaient éte pris quatre heures avant sa mort. Il se trom-

(*b*) Ordonnance de 1670. *article* 1. *titre* 4.

pait évidemment. Il eſt clair qu'il voulait ſe faire valoir en prononçant quel tems il faut pour la digeſtion, que la diverſité des tempéramens rend plus ou moins lente. Cette erreur d'un chirurgien devait-elle préparer le ſupplice de mon père ? La vie des hommes dépend donc d'un mauvais raiſonnement !

Il n'y avait point de preuve contre mes parens, & il ne pouvait y en avoir aucune : on eut incontinent recours à un monitoire. Je n'examine pas ſi ce monitoire était dans les règles ; on ſupoſait le crime, & on demandait la révélation des preuves. On ſuppoſait *La Vaiſſe* mandé de Bordeaux pour être boureau, & on ſupoſait l'aſſemblée tenue pour élire ce boureau, le jour même de l'arrivée de *La Vaiſſe* 13. octobre. On imaginait que quand on étrangle quelqu'un pour cauſe de religion, on le fait mettre à genoux ; & on demandait ſi l'on n'avait pas vû le malheureux *Marc-Antoine Calas* à genoux devant ſon père qui l'étranglait pendant la nuit, dans un endroit où il n'y avoit point de lumière.

On était ſûr que mon frère était mort catholique, & l'on demandait des preuves de ſa catholicité, quoiqu'il ſoit bien prouvé que mon frère n'avait point changé de religion & n'en voulait point changer. On était ſur-tout perſuadé que la maxime de tous les proteſtans eſt d'étrangler leur fils dès qu'ils ont le moindre ſoupçon que leur fils veut être catholique ; & ce fanatiſme fut porté au point, que toute l'égliſe de Genève ſe crut obligée d'envoyer une atteſtation de ſon horreur pour des idées ſi abominables & ſi inſenſées, & de l'étonnement où elle était qu'un tel ſoupçon eût jamais pû entrer dans la tête des juges.

Avant que ce monitoire parût, il s'éleva une voix du peuple, qui dit que mon frère *Marc-Antoine* devait entrer le lendemain dans la confrérie des pénitens blancs : auſſi-tôt les capitouls ordonnèrent qu'on enterrât mon frère pompeuſement au milieu de l'Egliſe de S. Etienne. Quarante prêtres & tous les pénitens blancs aſſiſtèrent au convoi.

Quatre jours après les pénitens blancs lui firent un ſervice ſolemnel dans leur chapelle ; l'égliſe était tendue de blanc ; on avait élevé au milieu un catafalque, au haut duquel on voyait un ſquélette humain qu'un chirurgien avait prêté : ce ſquélette tenait dans une main un papier, où on liſait ces mots, *Abjuration de l'héréſie*, & de l'autre une palme, l'emblême de ſon martyre. (*c*)

Le lendemain les cordeliers lui firent un pareil ſervice. On peut juger ſi un tel éclat acheva d'enflammer tous les eſprits ; les pénitens blancs & les cordeliers dictaient ſans le ſavoir la mort de mon père.

Le parlement ſaiſit bien-tôt cette affaire. Il caſſa d'abord la ſentence des capitouls, qui étant vicieuſe dans toutes les formes ne pouvait pas ſubſiſter ; mais le préjugé ſubſiſta avec violence. Tous les zélés voulaient dépoſer ; l'un avait vû dans l'obſcurité à travers le trou de la ſerrure de la porte, des hommes qui couraient ; l'autre avait entendu du fond d'une maiſon éloignée à l'autre bout de la rue, la voix de *Calas* qui ſe plaignait d'avoir été étranglé.

Un peintre nommé *Mateï* dit que ſa femme lui avait *dit* qu'une nommée *Mandrille* lui avait *dit* qu'une inconnue lui avait *dit* avoir entendu les cris de *Marc-Antoine Calas*, à une autre extrémité de la ville.

(*c*) Il y a dans Toulouſe quatre confréries de pénitens, blancs, bleus, gris, noirs : ils portent une longue capote, avec un maſque de la même couleur, percé de deux trous pour les yeux.

Mais pour tous les accusés, mon père, ma mère, mon frère *Pierre*, le jeune *La Vaisse* & la servante, ils furent unanimément d'accord sur tous les points essentiels ; tous aux fers, tous séparément interrogés, ils soutinrent la vérité, sans jamais varier ni au récolement, ni à la confrontation.

Leur trouble mortel put à la vérité faire chanceler leur mémoire sur quelques petites circonstances, qu'ils n'avaient apperçues qu'avec des yeux égarés & offusqués par les larmes, mais aucun d'eux n'hésita un moment sur tout ce qui pouvait constater leur innocence. Les cris de la multitude, l'ignorante déposition du chirurgien *La Marque* ; des témoins auriculaires, qui ayant une fois débité des accusations absurdes, ne voulaient pas s'en dédire, l'emportèrent sur la vérité la plus évidente.

Les juges avaient d'un côté des accusations frivoles sous leurs yeux ; de l'autre l'impossibilité démontrée que mon père âgé de soixante & huit ans, eût pû seul pendre un jeune homme de vingt-huit ans beaucoup plus robuste que lui, comme on l'a déja dit ailleurs, ils convenaient bien que ce crime était difficile à commettre, mais ils prétendaient qu'il était encor plus difficile que mon frère *Marc-Antoine Calas* eût terminé lui-même sa vie.

Vainement *La Vaisse* & la servante prouvaient l'innocence de mon père, de ma mère & de mon frère *Pierre ; La Vaisse* & la servante étaient eux-mêmes accusés ; le secours de ces témoins nécessaires nous fut ravi contre l'esprit de toutes les loix.

Il était clair, & tout le monde en convient, que si *Marc-Antoine Calas* avait été assassiné, il l'avait été par toute la famille, & par *La Vaisse* & la servante ; qu'ils étaient ou tous innocens, ou tous coupables, puisqu'il était prouvé qu'ils ne s'étaient pas quittés un moment, ni pendant le souper, ni après souper.

J'ignore par quelle fatalité les juges crurent mon père criminel, & comment la forme l'a emporté sur le fond. On m'a assuré que plusieurs d'entr'eux soutinrent long-tems l'innocence de mon père, mais qu'ils cédèrent enfin à la pluralité. Cette pluralité croyait toute ma famille & le jeune *La Vaisse* également coupables. Il est certain qu'ils condamnèrent mon malheureux père au supplice de la roue, dans l'idée où ils étaient qu'il ne résisterait pas aux tourmens, & qu'il avouerait les prétendus compagnons de son crime dans l'horreur du supplice.

Je l'ai déja dit, & je ne peux trop le répéter, ils furent surpris de le voir mourir en prenant à témoin de son innocence le Dieu devant lequel il allait comparaître. Si la voix publique ne m'a pas trompé, les deux Dominicains, nommés *Bourges* & *Caldaguès*, qu'on lui donna pour l'assister dans ces momens cruels, ont rendu témoignage de sa résignation; ils le virent pardonner à ses juges & les plaindre; ils souhaitèrent enfin de mourir un jour avec des sentimens de piété aussi touchans.

Les juges furent obligés bientôt après d'élargir ma mère, le jeune *La Vaisse* & la servante; ils bannirent mon frère *Pierre*; & j'ai toujours dit avec le public, pourquoi le bannir s'il est innocent? Et pourquoi se borner au bannissement s'il est coupable?

J'ai toujours demandé pourquoi, ayant été conduit hors de la ville par une porte, on le laissa, ou on le fit rentrer sur le champ par une autre? Pourquoi il fut enfermé trois mois dans un couvent de Dominicains? Voulait-on le convertir au lieu de le bannir? Mettait-on son rapel au prix de ſon changement? Puniſſait-on, faiſait-on grace arbitrairement, & le ſupplice affreux de ſon père était-il un moyen de perſuaſion?

Ma mère, après cette horrible cataſtrophe, a eu le courage d'abandonner ſa dot & ſon bien; elle eſt allée à Paris ſans autre ſecours que ſa vertu, implorer la juſtice du roi: elle oſe eſpérer que le conſeil de ſa majeſté ſe fera repréſenter la procédure faite à Toulouſe. Qui ſait même ſi les juges touchés de la conduite généreuſe de ma mère, n'en verront pas plus évidemment l'innocence déja entrevue de celui qu'ils ont condamné? n'apercevront-ils pas qu'une femme ſans apui n'oſerait aſſurément demander la reviſion du procès ſi ſon mari était criminel? aurait-elle fait deux cent lieues pour chercher la mort qu'elle mériterait? cela n'eſt pas plus dans la nature humaine que le crime dont mon père a été accuſé. Car je le dis encore avec horreur, ſi mon père a été coupable de ce parricide, ma mère & mon frère *Pierre Calas* le ſont auſſi: *La Vaiſſe* & la ſervante ont eu ſans doute part au crime. Ma mère aurait-elle entrepris ce voyage pour les expoſer tous au ſuplice, & s'y expoſer elle-même.

Je déclare que je penſe comme elle, que je me ſoumets

soumets à la mort comme elle, si mon père a commis contre Dieu, la nature, l'état & la religion, le crime qu'on lui a imputé.

Je me joins donc à cette vertueuse mère par cet acte, légal ou non, mais public & signé de moi. Les avocats qui prendront sa défense pouront mettre au jour les nullités de la procédure : c'est à eux qu'il apartient de montrer que *La Vaisse* & la servante, quoiqu'accusés, étaient des témoins nécessaires, qui déposaient invinciblement en faveur de mon père. Ils exposeront la nécessité où les juges ont été réduits, de suposer qu'un vieillard de soixante & huit ans, que j'ai vû incommodé des jambes, avait seul pendu son propre fils, le plus robuste des hommes ; & l'impossibilité absolue d'une telle exécution.

Ils mettront dans la balance d'un côté cette impossibilité physique, & de l'autre des rumeurs populaires. Ils péseront les probabilités ; ils discuteront les témoignages auriculaires.

Que ne diront-ils pas sur tous les soins que nous avons pris depuis trois mois pour nous faire communiquer la procédure, & sur le refus qu'on nous en a faits ?

Je ne demande point pardon aux juges d'élever

ma voix contre leur arrêt ; ils le pardonnent sans doute à la piété filiale ; ils me mépriseraient trop si j'avais une autre conduire, & peut-être quelques-uns d'eux mouilleront mon mémoire de leurs larmes.

Cette avanture épouvantable, intéresse toutes les religions & toutes les nations ; il importe à l'état de savoir de quel côté est le fanatisme le plus dangéreux. Je frémis en y pensant, & plus d'un lecteur sensible frémira comme moi-même.

Seul, dans un désert, dénué de conseil, d'apui, de consolation, je dis à Monseigneur le chancelier & à tout le conseil d'état. Cette requête que je mets à vos pieds est extrajudiciaire ; mais rendez-là judiciaire par votre autorité & par votre justice. N'ayez point pitié de ma famille ; mais faites paraître la vérité. Que le parlement de Toulouse ait le courage de publier les procédures, l'Europe les demande, & s'il ne les produit pas, il voit ce que l'Europe décide.

à Chatelaine, 22 *Juillet* 1762.

Signé DONAT CALAS,

DÉCLARATION
DE
PIERRE CALAS.

EN arrivant chez mon frère *Donat Calas* pour pleurer avec lui, j'ai trouvé entre ses mains ce mémoire qu'il venait d'achever pour la justification de notre malheureuse famille. Je me join à ma mère & à lui ; je suis prêt d'attester la vérités de tout ce qu'il vient d'écrire ; je ratifie tout ce qu'a dit ma mère, & devenu plus courageux par son exemple, je demande avec elle à mourir si mon père a été criminel.

Je dépose, & je promets de déposer juridiquement ce qui suit.

Le jeune *Gauber La Vaisse*, âgé de dix-neuf à vingt ans, jeune homme des mœurs les plus douces, élevé dans la vertu par son père célébre avocat, était l'ami de *Marc-Antoine* mon frere, & ce frere était un homme de lettres qui avait étudié aussi pour être avocat. *La Vaisse* soupa avec nous le 13 octobre 1761. comme on l'a dit. Je m'étais un peu endormit après le ſouper, au tems que le ſieur *La Vaiſſe* voulut prendre congé. Ma mère me réveilla & me dit d'éclairer nôtre ami avec un flambeau.

On peut juger de mon horrible ſurpriſe quand je vis mon frère ſuſpendu en chemiſe, aux deux battans de la porte de la boutique qui donne dans le magazin. Je pouſſai des cris affreux; jappellai mon père, il deſcend éperdu, il prend à braſſe-corps ſon malheureux fils en faiſant gliſſer le bâton & la corde qui le ſoutenaient, il ôte la corde du coup en élargiſſant le nœud; il tremblait, il pleurait, il s'écriait dans cette opération funeſte. Va, me dit-il, au nom de Dieu chez le chirurgien *Camoire* notre voiſin, peut-être mon pauvre fils n'eſt pas tout-à-fait mort.

Je vole chez le chirurgien, je ne trouve que le ſieur *Gorſe* ſon garçon, & je l'améne avec moi. Mon père était entre ma mère, & un de nos voiſins nommé *Delpech*, fils d'un négotiant catholique qui pleurait avec eux. Ma mère tâchait en vain de faire avaler à mon frère des eaux ſpiritueuſes, & lui frotait les tempes. Le chirurgien *Gorſe* lui tate le poulx & le cœur, il le trouve mort & déja froid; il lui ôte ſon tour de cou qui était de taffetas noir, il voit l'impreſſion d'une corde, & prononce qu'il eſt étranglé.

Sa chemiſe n'était pas ſeulement froiſſée, ſes cheveux arrangés comme à l'ordinaire, & je vis ſon habit proprement plié ſur le comptoir. Je ſors pour aller partout demander conſeil. Mon père, dans l'excès de ſa douleur, me dit, Ne va pas répandre le bruit que ton frère s'eſt défait lui-même, ſauve au moins l'honneur de ta miſérable famille. Je cours tout hors de moi chez le ſieur *Cazeing*, ami de la maiſon, négotiant qui demeurait à la bourſe ; je l'améne au logis, il nous conſeille d'avertir au plus vite la juſtice ; je vole chez le Sieur *Clauſade* homme de loi, *La Vaiſſe* court chez le greffier des capitouls, chez l'aſſeſſeur maître *Monier*. Je retourne en hâte me rendre auprès de mon père, tandis que *La Vaiſſe* & *Clauſade* faiſaient relever l'aſſeſſeur qui était déja couché, & qu'ils vont avertir le capitoul lui-même.

Le capitoul était déja parti ſur la rumeur publique pour ſe rendre chez nous. Il entre avec quarante ſoldats, j'étais en bas pour le recevoir, il ordonne qu'on me garde.

Dans ce moment même l'aſſeſſeur arrivait avec

les Sieurs *Clausade* & *La Vaisse*. Les gardes ne voulurent point laisser entrer *La Vaisse* & le repoussèrent : ce ne fut qu'en faisant beaucoup de bruit, en insistant, & en disant qu'il avait soupé avec la famille, qu'il obtint du capitoul qu'on le laissât entrer.

Quiconque aura la moindre connaissance du cœur humain verra bien par toutes ces démarches quelle était nôtre innocence ; comment pouvait-on la soupçonner ? a-t-on quelque exemple dans les annales du monde & des crimes, d'un pareil parricide, commis sans aucun dessein, sans aucun intérêt, sans aucune cause ?

Le capitoul avait mandé le sieur *La Tour* médecin, & les sieurs *La Marque* & *Perronet* chirurgiens ; ils visitèrent le cadavre en ma présence, cherchèrent des meurtrissures sur le corps, & n'en trouvèrent point. Ils ne visitèrent point la corde ; ils firent un rapport sécret, seulement de bouche au capitol, après quoi on nous mena tous à l'hôtel-de-ville, c'est-à-dire, mon père, ma mère, le sieur *La Vaisse*, le sieur *Caseing* nôtre ami, la servante & moi : on prit le cadavre & les habits, qui furent portés aussi à l'hôtel-de-ville.

Je voulus laisser un flambeau allumé dans le passage au bas de la maison, pour retrouver de la lumière à notre retour. Telle était ma sécurité & celle de mon père, que nous pensions être menés seulement à l'hôtel-de-ville pour rendre témoignage à la vérité, & que nous nous flattions de revenir coucher chez nous ; mais le capitoul, souriant de ma simplicité, fit éteindre le flambeau, en disant que nous ne reviendrions pas si-tôt. Mon père & moi nous fumes mis dans un cachot noir, ma mère dans un cachot éclairé, ainsi que *La Vaisse*, *Caseing* & la servante. Le procès-verbal du capitoul, & celui des médecins & chirurgiens furent faits le lendemain à l'hôtel. *Caseing*, qui n'avait point soupé avec nous, fut bientôt élargi : nous fumes tous les autres condamnés à la question, & mis aux fers le 18 novembre. Nous en appellames au parlement, qui cassa la sentence du capitoul, irrégulière en plusieurs points, & qui continua les procédures.

On m'interrogea plus de cinquante fois : on me demanda si mon frère *Marc-Antoine* devait se faire catholique ; je répondis que j'étois sûr du contraire ; mais qu'étant homme de lettres & amateur de la musique, il allait quelquefois entendre les prédicateurs qu'il croyait éloquens, & la musique, quand elle était bonne. Et que m'eût importé, bon Dieu! que mon frère *Marc-Antoine* eût été catholique ou réformé? en ai-je moins vécu en intelligence avec mon frère *Louis*, parce qu'il alloit à la messe? n'ai-je pas dîné avec lui? n'ai-je pas toujours fréquenté les catholiques dans Toulouse? aucun s'est-il jamais plaint de mon père & de moi? n'ai-je pas appris, dans le célèbre mandement de M. l'évêque de Soissons, qu'il faut traiter les Turcs mêmes comme nos frères? pourquoi aurais-je traité mon frère comme une bête féroce? quelle idée, quelle démence!

Je fus confronté souvent avec mon père, qui en me voyant éclatait en sanglots, & fondait en larmes. L'excès de ses malheurs dérangeait quelquefois sa mémoire. Aide-moi, me disait-il, & je le remettais sur la voie concernant des points tout-à-fait indifférens; par exemple; il lui échapa de dire que nous sortimes de table tous ensemble: Eh! mon père, m'écriai-je, oubliez-vous que mon frère sortit quelque tems avant nous? Tu as raison, me dit-il, pardonne, je suis troublé.

Je fus confronté avec plus de cinquante témoins. Les cœurs se souleveront de pitié, quand ils verront quels étaient ces témoins & ces témoignages. C'était un nommé *Popis*, garçon passementier, qui, entendant d'une maison voisine les cris que je poussais à la vue de mon frère mort, s'était imaginé entendre les cris de mon frère même; c'était une bonne servante, qui, lorsque je m'écriais, *ah, mon Dieu!* crut que je criais *au voleur* : c'étaient des ouï dire d'après des ouï dire extravagans. Il ne s'agissait guères que de méprises pareilles.

La demoiselle *Peyronet* déposa qu'elle m'avait vu dans la rue le 13 Octobre à dix heures du soir, *courant avec un mouchoir, essuyant mes larmes, & disant que mon frère était mort d'un coup d'épée.* Non, je ne le dis pas; &, si je l'avais dit, j'aurais bien fait de sauver l'honneur de mon cher frère. Les juges auraient-ils fait plus d'attention à la partie fausse de cette déposition qu'à la partie pleine de vérité, qui partait de mon trouble & de mes pleurs? & ces pleurs ne s'expliquaient-ils pas d'une manière invincible contre toutes les accusations frivoles sous lesquelles l'innocence la plus pure a succombé. Il se peut qu'un jour mon père, mécontent de mon frère aîné qui perdait ſon tems & ſon argent au billard, lui ait dit : Si tu ne changes, je te punirai, ou je te chaſſerai, ou tu te perdras, tu périras ; mais falait-il qu'un témoin, fanatique impétueux, donnât une interprétation dénaturée à ces paroles paternelles, & qu'il ſubſtituât méchamment aux mots : *Si tu ne changes de conduite*, ces mots cruels, *ſi tu changes de religion* ? Falait-il que les juges, entre un témoin unique, & un père accuſé, décidaſſent en faveur de la calomnie contre la nature ?

Il n'y eut contre nous aucun témoin valable, & on s'en appercevra bien à la lecture du procès-verbal, ſi on peut parvenir à tirer ce procès du greffier qui a eu défenſe d'en donner communication.

Tout le reſte eſt exactement conforme à ce que ma mère & mon frère *Donât Callas* ont écrit. Jamais innocence ne fut plus avérée. Des deux Jacobins qui aſſiſtèrent au ſupplice de mon père, l'un, qui était venu de Caſtres, dit publiquement : *Il eſt mort en juſte.* Sur quoi donc, me dira-t-on, votre père a-t-il été condamné ? Je vais le dire, & on va être étonné.

Le capitoul, le procureur du roi, & une troiſième perſonne, étaient venus quelques jours après notre détention avec un expert, dans la maison où mon frère *Marc-Antoine* était mort ; quel était cet expert ? pourra-t-on le croire ? c'était le boureau ! On lui demanda si un homme pouvait se pendre aux deux battans de la porte du magasin où j'avais trouvé mon frère ? Ce misérable qui ne connaissait que ses opérations, répondit que la chose n'était pas praticable. C'était donc une affaire de Physique. Hélas ! l'homme le moins instruit aurait vu que la chose n'était que trop aisée ; & *La Vaisse*, qu'on peut interroger avec moi, en avait vu de ses yeux la preuve bien évidente.

Le chirurgien *La Marque*, appellé pour visiter le cadavre, pouvait être indisposé contre moi, parce qu'un jour, dans un de ses rapports juridiques, ayant pris l'œil droit pour l'œil gauche, j'avais relevé sa méprise. Ainsi mon père fut sacrifié à l'ignorance autant qu'aux préjugés ; il s'en falut bien que les juges fussent unanimes ; mais la pluralité l'emporta.

Après cette horrible exécution, les juges me firent comparaître. L'un d'eux me dit ces mots : *Nous avons condamné votre père, si vous n'avouez pas, prenez garde à vous.* Grand Dieu! que pouvais-je avouer, ſinon que des hommes trompés avaient répandu le ſang innocent ?

Enfin, on vint m'annoncer mon arrêt de banniſſement ; il était reſté quatre jours ſur le bureau ſans être ſigné. Que d'irrégularités! que d'incertitudes! La main des Juges devait trembler de ſigner quelque arrêt que ce fût, après avoir ſigné la mort de mon père. Le greffier de la géole me lut ſeulement deux lignes du mien.

Quant à l'arrêt qui livra mon vertueux père au plus affreux ſuplice, je ne le vis jamais ; il ne fut jamais connu ; c'eſt un myſtère impénétrable. Ces jugemens ſont faits pour le public ; ils étaient autrefois envoyés au roi, & n'étaient point exécutés ſans ſon approbation : c'eſt ainſi qu'on en uſe encore dans une grande partie de l'Europe. Mais pour le jugement qui a condamné mon père, on a pris, ſi j'oſe m'exprimer ainſi, autant de ſoin de le dérober à la connoiſſance des hommes, que les criminels en prennent ordinairement de cacher leurs crimes.

Mon jugement me ſurprit, comme il a ſurpris tout le monde ; car ſi mon malheureux frère avait pû être assassiné, il ne pouvait l'avoir été que par moi, & par *La Vaisse*, & non par un vieillard faible. C'est à moi que le plus horrible suplice aurait été dû. On voit assez qu'il n'y avait pas de milieu entre le parricide & l'innocence.

Je fus conduit incontinent à une porte de la ville; un abbé m'y accompagna, & me fit rentrer le moment d'après au couvent des jacobins : le père *Bourges* m'attendait à la porte; il me dit qu'on ne ferait aucune attention à mon bannissement, si je professais la foi catholique romaine; il me fit demeurer quatre mois dans ce monastère, où je fus gardé à vuë.

Je suis échapé enfin de cette prison, prêt à me remettre dans celle que le roi jugera à propos d'ordonner, & disposé à verser mon sang pour l'honneur de mon père & de ma mère.

Le préjugé aveugle nous a perdus; la raison éclairée nous plaint aujourd'hui; le Public, juge de l'honneur & de la honte, réhabilite la mémoire de mon père; le conseil confirmera l'arrêt du public, s'il daigne seulement voir les pièces. Ce n'est point ici un de ces procès qu'on laisse dans la poudre d'un greffe, parce qu'il est inutile de les publier; je ſens qu'il importe au genre humain qu'on ſoit inſtruit juſques dans les derniers détails, de tout ce qu'a pû produire le fanatiſme, cette peſte exécrable du genre humain.

A Chatelane 23 Juillet 1762.

Signé, PIERRE CALAS.

www.ingramcontent.com/pod-product-compliance
Ingram Content Group UK Ltd.
Pitfield, Milton Keynes, MK11 3LW, UK
UKHW022158190726
13855UKWH00004B/1538